INNOVACIONES EN LA COCINA

Lesley Ward

✳ Smithsonian

Autora contribuyente

Jennifer Lawson

Asesoras

Ashley Rose Young, Ph.D.
Historiadora
Historia de la comida estadounidense
National Museum of American History

Sharon Banks
Maestra de tercer grado
Escuelas Públicas de Duncan

Créditos de publicación

Rachelle Cracchiolo, M.S.Ed., *Editora comercial*
Conni Medina, M.A.Ed., *Redactora jefa*
Diana Kenney, M.A.Ed., NBCT, *Directora de contenido*
Véronique Bos, *Directora creativa*
Robin Erickson, *Directora de arte*
Michelle Jovin, M.A., *Editora asociada*
Caroline Gasca, M.S.Ed., *Editora superior*
Mindy Duits, *Diseñadora gráfica superior*
Walter Mladina, *Investigador de fotografía*
Smithsonian Science Education Center

Créditos de imágenes: pág.7 (inferior) Mauricio Anton/Science Source; pág.8 Schenectady Museum Association/Getty Images; pág.9 (izquierda) Acroterion (Creative Commons); pág.12 (izquierda) Elizabeth/Table4Five (Creative Commons); pág.13 cortesía de Pantelligent; pág.14 (inferior) cortesía de PolyScience; pág.15 (inferior) Makia Minich; pág.22 First Class Photography/ Shutterstock; pág.23 Peter Titmuss/Alamy; pág.24 (izquierda) T. Tseng (Creative Commons); pág.24 (derecha) Xabier Mikel Laburu/Bloomberg a través de Getty Images; pág.25 (superior) Lawrence K. Ho/Los Angeles Times a través de Getty Images; pág.26 (inferior) Sam Bompas/Splash News/Newscom; págs.26–27 (superior) Imagine China/Newscom; pág.27 (inferior) PA Images/Alamy; todas las demás imágenes cortesía de iStock y/o Shutterstock.

Teacher Created Materials

5301 Oceanus Drive
Huntington Beach, CA 92649-1030
www.tcmpub.com
ISBN 978-0-7439-2647-8

Contenido

Máquinas en la cocina

Mira tu cocina. ¡Hay máquinas asombrosas! Esas máquinas hacen que preparar la comida sea más fácil. Pero no siempre fue tan sencillo. Las **innovaciones** para la cocina han avanzado mucho. A menudo hacen que nuestra vida sea más fácil.

Los cocineros agradecen estas innovaciones. Las usan para probar cosas nuevas. Los cocineros **profesionales** son científicos. La cocina es su laboratorio. Prueban formas nuevas de preparar platos. ¡A veces crean algo completamente nuevo!

Esta mujer saca la comida del horno a comienzos del siglo xx.

Innovaciones como estas hacen que cocinar sea más fácil.

Descubrir el fuego

Antes de que los primeros seres humanos aprendieran a hacer fuego, su dieta era muy diferente. ¡Comían plantas, frutas y carne cruda!

Muchos años después, los seres humanos empezaron a cocinar los alimentos. Es posible que usaran el fuego encendido por algún rayo. Probablemente esa fue la primera vez que comieron carne cocida.

Con los años, los seres humanos aprendieron a hacer fuego. Aprendieron a mantener el fuego encendido mucho tiempo. Las familias y los amigos comían alrededor del fuego. El fuego era la estufa que usaban para cocinar.

Algunas personas aún comen carne cruda.

Estos pollos se cocinan sobre una fogata.

Los primeros seres humanos comían plantas cocidas.

Las personas siguieron cocinando con fuego durante miles de años. En la década de 1890, se inventó la estufa eléctrica. Con esas estufas, cocinar se volvió más rápido y más sencillo. No había humo ni cenizas. Además, la estufa ayudaba a calentar las casas. Más y más personas compraron estufas. Fueron un éxito.

En 1946, las cosas volvieron a cambiar. Un inventor llamado Percy Spencer estaba en su laboratorio. Estudiaba la radiación, una forma en la que viaja el calor. En un momento, se metió la mano en el bolsillo. Su bolsillo estaba pegajoso. ¡La radiación había derretido su barra de chocolate! Spencer descubrió que no necesitaba fuego para cocinar. Eso llevó a la invención del microondas.

Una mujer cocina en una estufa eléctrica.

Este RadaRange fue el primer microondas y ¡era tan grande como un refrigerador!

Las moléculas están muy juntas en los alimentos sólidos fríos.

Las moléculas se mueven con más libertad en los alimentos sólidos calientes.

Ciencias

Cómo funciona el microondas

El microondas calienta las **moléculas** de los alimentos. Todas las cosas están hechas de moléculas pequeñas que no se pueden ver. El microondas libera energía. La energía hace que las moléculas de los alimentos vibren. Ese movimiento produce calor. El calor cocina los alimentos.

Electrodomésticos geniales

Hoy en día, ya no hay que trabajar tanto para cocinar platos sabrosos. Eso es, sobre todo, gracias a los nuevos **electrodomésticos**.

Un electrodoméstico nuevo es el horno de radiofrecuencia. Este horno especial permite cocinar platos enteros en un solo paso. Y lo hace muy rápido. Eso ayuda a conservar los **nutrientes** de los alimentos.

Otro electrodoméstico nuevo es la freidora de aire. Esta freidora usa aire caliente para hacer comidas con el sabor de la comida frita, pero con poco aceite. La comida queda crocante por fuera. Queda jugosa por dentro. A muchos les gusta porque la comida no queda grasosa después de cocinarla.

Una freidora de aire cocina un pollo.

Los sensores envían diferentes rayos para cocinar la comida.

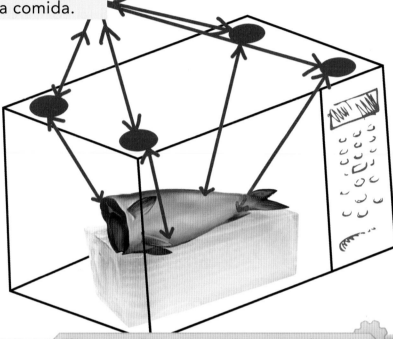

Tecnología e ingeniería

Los sensores de los hornos

Los hornos de radiofrecuencia tienen **sensores**. Los sensores identifican el tipo de alimento que se está cocinando. Los hornos emiten diferentes rayos para cocinar los distintos tipos de alimentos. Los sensores también escanean los alimentos cada pocos segundos. Modifican los rayos para que den menos o más calor. Así, todos los platos terminan de cocinarse al mismo tiempo.

Los cocineros profesionales tratan de preparar comidas saludables y sabrosas. ¡Algunos electrodomésticos los ayudan! Algunas sartenes tienen sensores que identifican qué comida se está preparando. Indican cuál es la temperatura correcta para cocinar esa comida. Se aseguran de que los alimentos estén cocidos antes de que las personas los coman.

Los cocineros profesionales también buscan formas de ahorrar tiempo cuando cocinan. Hay innovaciones que los ayudan también con eso. Algunas máquinas pueden hornear pastelillos en pocos minutos. Calientan los pastelillos al mismo tiempo desde arriba y desde abajo. Así, tardan mucho menos.

Este aparato hornea ocho pastelillos en cinco minutos.

Esta sartén y su aplicación ayudan a los cocineros a cocinar los alimentos con la temperatura correcta.

Helado al instante

No todas las innovaciones en la cocina sirven para cocinar. Algunas sirven para congelar los alimentos. Hay máquinas que congelan líquidos en menos de un minuto. Esas máquinas tienen unas bandejas muy frías en su interior. Las personas pueden verter líquidos en las bandejas para preparar delicias como chocolate caliente congelado y té helado, entre otras. Luego, pueden tomar una cuchara y ¡a disfrutar!

También hay máquinas que convierten el líquido en paletas heladas. Primero, los cocineros encienden la máquina. Luego, vierten líquidos en ella. La máquina congela los líquidos en unos minutos. Se pueden preparar paletas de jugo de naranja. O, también, paletas de yogur. ¡Cada uno escoge lo que quiere!

La bandeja fría de esta máquina congela los líquidos y los vuelve sólidos en menos de un minuto.

Breville | PolyScience

Este helado de té verde se preparó congelando té líquido.

Esta innovación puede congelar cualquier líquido y convertirlo en una paleta helada en pocos minutos.

Otra de las innovaciones llegó de Tailandia. En Tailandia hace mucho calor. Los alimentos congelados se derriten rápido. Entonces, los cocineros tailandeses hallaron una nueva manera de preparar helado.

Esta delicia se llama helado enrollado. Primero, el cocinero vierte leche en una bandeja fría. Una vez que la leche se congela, el cocinero raspa la bandeja con una espátula. Enrolla el helado con cuidado y lo pone en un vaso. Lo mejor es que como el helado está enrollado, ¡no se derrite tan rápido!

Un cocinero enrolla helado en Tailandia.

El helado enrollado puede imitar el sabor de otras comidas, como el *pretzel*, la pizza ¡y hasta la hamburguesa!

Aplicaciones deliciosas

Los cocineros profesionales no solo usan máquinas para resolver problemas en la cocina. ¡También usan aplicaciones! Algunas aplicaciones tienen videos de cocineros famosos preparando platos. Las personas pueden ver los videos mientras cocinan. Los cocineros les dicen qué hacer. ¡Es como tener un cocinero profesional en casa!

También hay aplicaciones que tienen **recetas**. Las personas pueden buscar platos que vayan bien con su estilo de vida. Si alguien no come carne, hay recetas sin carne. O si alguien busca una comida que pueda preparar rápido, hay recetas rápidas también. Estas aplicaciones hacen que cocinar en casa sea más fácil.

Esta aplicación muestra diferentes recetas.

Un hombre busca recetas para la cena mientras desayuna.

Esta aplicación muestra fotos de cada paso de una receta.

También hay aplicaciones que ayudan a las personas a cocinar con lo que tienen. Las personas pueden marcar los **ingredientes** que tienen en casa. Las aplicaciones luego buscan recetas que usen esas cosas. Les dicen a las personas cómo preparar comidas con lo que tienen.

Otras aplicaciones hacen lo contrario. Las personas escogen los tipos de comida que les gustan. Luego, las aplicaciones les dicen qué ingredientes comprar. Después, las personas pueden compartir fotos de los platos que prepararon. Eso ayuda a los demás a cocinar.

Matemáticas

Unidades de medida

Los cocineros de todo el mundo miden los alimentos de diferentes maneras. Los cocineros estadounidenses miden en onzas y tazas. Los franceses usan gramos y litros. Por suerte, hay aplicaciones que convierten las unidades de medida para que cada uno pueda usar las unidades que conoce.

Shopping List

☑ Milk
☑ Meat
☑ Eggs
☑ Cheese
☐

Una mujer crea una lista de compras según lo que tiene en el refrigerador.

Esta aplicación muestra lo que hay que comprar para preparar una comida.

Científicos que cocinan

Los cocineros profesionales son científicos. Usan **utensilios** y máquinas para experimentar con los alimentos. En lugar de en laboratorios, hacen pruebas en cocinas y restaurantes.

El cocinero Heston Blumenthal tiene un restaurante en Inglaterra llamado The Fat Duck. Allí experimenta. Usa nitrógeno líquido para hacer un helado con sabor a huevos y tocino. ¡También cocina carne de res con un **soplete**!

Uno de sus platos se llama Sonidos del mar. Tiene pescado y algas. Mientras los clientes comen, escuchan sonidos. Oyen olas. ¡Se sienten como si estuvieran en la playa!

Este plato de The Fat Duck se llama Suelo del bosque.

soplete de cocina

Blumenthal experimenta en The Fat Duck.

Ferran Adrià vive en España. Algunos dicen que es el mejor cocinero del mundo. Es famoso por preparar alimentos en forma de espuma.

Adrià mezcla sabores con un gel especial. Luego, agrega un gas. El gel se convierte en espuma. Adrià rocía la espuma en los platos. Tal vez parezca extraño. ¡Pero muchos creen que es delicioso!

Niki Nakayama es una cocinera que aprendió a cocinar en Japón. Sus platos tienen 13 partes. ¡Comerlos lleva un buen tiempo!

Nakayama convierte la comida común en algo interesante. Sirve salmón con nenúfares. También sirve caracoles con papas. Sus platos cambian. ¡Pero siempre son originales!

Adrià en su restaurante

Nakayama prepara *sushi*.

Enmarcar los platos

El cocinero estadounidense Lawrence Kocurek ve sus comidas como obras de arte. Dice que cada plato es "una hoja en blanco". Usa platos cuadrados porque tienen forma de marcos.

25

El futuro de la comida

Las innovaciones han permitido que las cocinas de hoy sean mejores que las de antes. Hay utensilios y aparatos que permiten cocinar más fácilmonto y más rápido. No hay que sor un cocinero profesional para preparar platos sabrosos. Solo se necesita probar algo nuevo.

¿Cómo será el futuro de la cocina? ¡Quién sabe! La mejor manera de descubrirlo es experimentar. Intenta preparar algo nuevo y explora su sabor. Sigue intentando hasta encontrar una manera nueva y genial de cocinar algo. Luego, comparte tu receta con amigos. Pueden probar juntos comidas nuevas. ¿Cuál será tu próximo bocado?

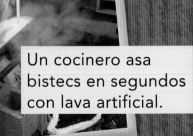

Un cocinero asa bistecs en segundos con lava artificial.

Un robot cocina un tazón de fideos en menos de dos minutos.

Algunas carnes no provienen de animales, sino que se cultivan en el laboratorio.

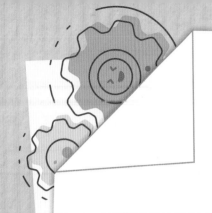

DESAFÍO DE CTIAM

Define el problema

Una cocinera acaba de abrir un restaurante nuevo. Pero su nueva cocina es más pequeña que la que solía usar. La cocinera te ha contratado para diseñar un utensilio nuevo. El utensilio debe ser capaz de hacer varias tareas para ahorrar espacio.

Limitaciones: Tu utensilio tiene que estar hecho con 10 elementos como máximo.

Criterios: Tu utensilio debe hacer dos tareas de cocina diferentes, como revolver y dar vuelta la comida.

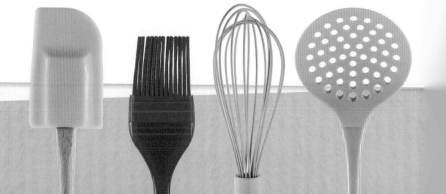

Investiga y piensa ideas

¿Cuáles son las tareas más importantes en una cocina? ¿Por qué un utensilio debería ser capaz de hacer varias tareas?

Diseña y construye

Haz un bosquejo de tu utensilio. ¿Qué propósito cumple cada parte? ¿Cuáles son los materiales que mejor funcionarán? Construye el modelo.

Prueba y mejora

Prueba tu utensilio. ¿Sirvió para hacer ambas tareas? ¿Cómo puedes mejorarlo? Mejora tu diseño y vuelve a intentarlo.

Reflexiona y comparte

¿Con qué comidas no funcionaría tu utensilio? ¿Qué cambios le harías para que pudiera usarlo alguien que generalmente no puede hacer esas tareas? ¿Cómo podrías añadirle tecnología a tu utensilio?

Glosario

electrodomésticos: máquinas que funcionan con electricidad y se pueden usar en el hogar

ingredientes: cosas que se usan para hacer comidas

innovaciones: ideas, métodos o dispositivos nuevos

moléculas: partes muy pequeñas que componen todas las cosas

nutrientes: cosas que las plantas, las personas y los animales necesitan para vivir y crecer

profesionales: describe a personas que tienen una preparación especial y reciben dinero por hacer un trabajo

recetas: instrucciones para preparar comidas

sensores: dispositivos que detectan cosas

soplete: un aparato que produce llamas muy calientes y angostas

utensilios: herramientas o instrumentos

Índice

Consejos profesionales
del Smithsonian

¿Quieres diseñar utensilios de cocina?

Estos son algunos consejos para empezar.

"Pregunta a tus familiares qué comían cuando eran niños. Prepara esas comidas con los utensilios que tienes ahora".
—*Kathy Sklar, directora del programa de negocios*

"Mi madre y mis tías me enseñaron a apreciar comidas de todo el mundo. Si te gusta cocinar, piensa qué utensilios harían que fuera más fácil. ¡Luego crea algunos!".
—*Dra. Ashley Rose Young, historiadora*